Türkische Küche

traditionell und fantasievoll

G. Poggenpohl

Türkische Küche

traditionell und
fantasievoll

EDITION XXL

Vorwort

Die Türkei – ein orientalisches Märchen aus Tausendundeiner Nacht mit prunkvollen Festen in dem Palast des Sultans bei einem großen Essen mit Spaß, Musik und Tanz; das Land, in dem sich die abendländische und morgenländische Kultur seit Jahrtausenden begegnen.

Noch heute verzaubert die Türkei ihre Besucher. Jeder, der in diesem herrlichen Land schon einmal Urlaub gemacht hat, ist begeistert von dieser unglaublich vielfältigen Landschaft.

Faszinierend an der Türkei sind nicht nur die Städte, sondern auch die Menschen, die in diesem kontrastreichen Land leben. Ihre Gastfreundlichkeit ist überall bekannt und wird hoch geschätzt.

Eine Auswahl von Rezepten versucht einen Einblick in eine sehr gute, gesunde und schmackhafte Küche zu vermitteln, die auch hier zu Lande realisierbar ist.

Auf dem Speiseplan stehen nicht nur Lamm-, Kalb-, Rind- und Hammelfleisch.

Die türkische Küche bietet auch eine Vielfalt an pikanten, wohlschmeckenden Suppen, gesunde, gut verträgliche Vorspeisen, delikate, variantenreiche Eintöpfe und Aufläufe, köstliche Fleisch- und Fischspeisen, fantasievolle Reisgerichte und außergewöhnliche Desserts.

Der Einkauf der Zutaten sollte keine Schwierigkeiten für Sie bereiten. In gut sortierten Supermärkten – und vor allem in türkischen Fachgeschäften, die in ganz Deutschland vertreten sind – dürfte es für Ihren Einkauf sogar noch eine Bereicherung darstellen, einmal mit anderen Gewürzen, Gemüse- und Obstsorten zu experimentieren.

Ich wünsche Ihnen viel Freude beim Nachkochen dieser Köstlichkeiten und einen guten Appetit!

Ihr G. Poggenpohl

Ratgeber

Aprikosen
verzehrt man in der türkischen Küche sowohl frisch als auch getrocknet, in dieser Form werden sie vor allem zu Fleischgerichten und Salaten genommen.

Auberginen
gibt es fast das ganze Jahr über. Sie enthalten sehr viel Vitamin B, Calcium und Eisen. Durch ihren neutralen Geschmack kann diese Frucht hervorragend mit anderen Gemüsen kombiniert werden. Die Aubergine schmeckt ausgezeichnet gekocht, gegrillt, geschmort und gebraten.

Bulgur
ist ein vorgegarter, geschroteter Weizen. Bulgur gibt es fein geschrotet für Suppen und grob geschrotet für Aufläufe. Er ist in türkischen Fachgeschäften erhältlich.

Gärtnergurken
sind kleine, knackige Miniatur-Gurken, die nur in der Türkei so gezüchtet werden. Sie sind auch ab und zu in Deutschland erhältlich.

Kardamom
– ein Gewürz für alle Fälle, geeignet für Backwaren, Pasteten, Kompotte, Lammgerichte, Fisch, Fleisch, Innereien und Reis.

Kichererbsen
gibt es bei uns getrocknet oder in Dosen zu kaufen. Sie werden zu Eintöpfen, als Beilagen oder als Salat verarbeitet.

Knoblauch
ist aus der türkischen Küche nicht wegzudenken. Diese Knolle ist gesund, wirkt blutdrucksenkend, regt die Verdauungsorgane und die Durchblutung an und wirkt desinfizierend.
Er rundet den Geschmack von Hackfleisch-, Lamm- und Gemüsegerichten ab.

Kohl
ist ein Gemüse, das sehr vitaminreich ist.
In der Schwarzmeerregion wächst er extrem gut. Es werden viele interessante Eintöpfe daraus gekocht, für den Winter wird er eingelegt.

Kreuzkümmel
ist etwas länger und dicker als der hier zu Lande bekannte Kümmel und schmeckt etwas bitter.
Er wird im Orient hauptsächlich für Hackfleischgerichte und auf der bekannten türkischen Pizza verwendet.

Minze
– ein Gewürz, das gerne für Lamm, Hammel, Fisch, Geflügel und Suppen benutzt wird.

Muskat
würzt Suppen, Saucen, Reis-, Gemüse- und Geflügelgerichte, Süßspeisen und Getränke.

Nüsse (Walnüsse, Mandeln, Pistazien)
werden in der türkischen Küche bei Süßspeisen, Fisch, Fleisch und Eintöpfen verwendet.

Okraschoten
gibt es getrocknet und in Dosen. Sie werden als Gemüsebeilage oder als Eintopf gegessen. Okraschoten sind bei uns nur in türkischen Geschäften zu bekommen.

Paprikaflocken
– getrockneter, grob geriebener Paprika, sieht sehr dekorativ aus und hat ein angenehme Schärfe.

Paprikaschoten
werden als Salat, Gemüse oder eingelegt gegessen.

Peperoni
– dunkelgrüne, hellgrüne oder rote Schoten werden zum Würzen von Fleisch-, Fisch- und Eintopfgerichten verwendet.
Eingelegte Peperoni verwendet man zu Salaten oder isst sie pur.

Petersilie
verwendet man in der türkischen Küche häufig und in größeren Mengen. Dieses Kraut ist sehr gesund und reich an Vitamin C.

Pinienkerne
werden ohne Fett geröstet und für Hackfleischfüllungen und Süßspeisen verwendet.

Rote Linsen
kann man hier zu Lande nur geschält kaufen, sie brauchen daher nicht sehr lange zu kochen.

Safran
ist noch immer ein sehr edles, teures Gewürz, das Speisen aromatisiert und färbt. Er wird für Reis, Saucen, Hammelfleischspezialitäten, Geflügel und Desserts verwendet.

Sesam
schmeckt sehr gut in Salaten, auf Süßspeisen und Gebäck. Durch Rösten erhält er einen sehr feinen, nussartigen Geschmack.

Wachtelbohnen
sind braunbeige gesprenkelt und sehen den Wachteleiern von der Farbe her sehr ähnlich, davon haben sie auch ihren Namen.
Diese Bohnen werden in Eintöpfen gegessen.

Weinblätter
gibt es frisch oder eingelegt zu kaufen.
Sie werden mit Hackfleisch und Reis gefüllt und gekocht – eine sehr pikante Vorspeise!

Zimt
kommt in der türkischen Küche nicht nur bei Süßspeisen zum Einsatz, sondern auch bei Fleisch, Aufläufen und Suppen.

Zitronenmelisse
schmeckt und riecht großartig nach Zitrone. Rohkostsalate, Tomatengerichte, Fisch- und Lammbraten werden damit gewürzt. Zitronenmelisse eignet sich auch sehr gut zum Garnieren.

Zucchini
gehören zur Kürbisfamilie. Diese Früchte lassen sich hervorragend füllen, schmecken ausgezeichnet gekocht, gegrillt, geschmort oder roh als Salat.

Kalte Gurkensuppe

Zutaten:

1 Schlangengurke
2 Knoblauchzehen
3 EL Öl
100 g gehackte Walnüsse
500 ml Jogurt
1/8 l saure Sahne
2 EL gehackter Dill
Salz und Pfeffer

Zubereitung:

1. Die Gurke schälen, fein raspeln, etwas salzen und in den Kühlschrank stellen, das Gurkenwasser nicht abschütten.

2. Den Dill abbrausen, trocknen und fein hacken. Den Knoblauch schälen und zerdrücken.

3. Den Jogurt, den Knoblauch, das Öl und die Nüsse in einen Mixer geben und gut pürieren. Mit Salz und Pfeffer würzen. Die saure Sahne unterrühren.

4. Die Soße über die Gurkenraspel geben und alles gut miteinander vermischen. Im Kühlschrank ziehen lassen.

5. Die Suppe in den Tellern verteilen, mit dem Dill sowie einigen Walnusskernen garnieren und eiskalt servieren.

Linsensuppe mit Kürbiskernen

Zutaten:

5 Zwiebeln
2 EL Sonnenblumenöl
40 g Butter
300 g Linsen
1 3/4 l Gemüsebrühe
1 EL frischer Koriander
2 Zweiglein Thymian
2 Bund glatte Petersilie
100 g Crème fraîche
100 g geschälte Kürbiskerne
Salz und Pfeffer

Zubereitung:

1. Die Zwiebeln schälen und achteln. Die Petersilie, den Koriander und den Thymian abbrausen, trocknen und fein schneiden.

2. Das Öl und die Butter heiß werden lassen, die Zwiebeln darin andünsten.

3. Die Linsen in den Topf geben, leicht mit andünsten und mit der Gemüsebrühe angießen, zugedeckt bei mittlerer Hitze garen.

4. Die Suppe mit Salz und Pfeffer, dem Koriander und dem Thymian würzen. Wenn die Linsen weich sind, das Ganze mit dem Pürierstab pürieren.

5. Die Crème fraîche und die Petersilie unterziehen, evtl. noch etwas salzen. Die Suppe bei ausgeschalteter Platte ca. fünf Minuten ziehen lassen.

6. Auf die Teller verteilen und mit den Kürbiskernen bestreuen.

Pikante Suppen

Spinatsuppe

Zutaten:

1 kg Rinderbrust
2 Karotten
1 Petersilienwurzel
1 Bund Petersilie
2 l Wasser
1 kg Spinat
1 Zwiebel
100 g Butter
1 EL Mehl
200 g saure Sahne
5 hart gekochte Eier
Salz und Pfeffer

Zubereitung:

1. Die Karotten und die Petersilienwurzel schälen und halbieren. Die Petersilie abbrausen, ausschütteln und die Stiele abschneiden.

2. Das Fleisch abbrausen und in kaltem Wasser mit den Karotten und der Petersilienwurzel zum Kochen bringen, mit Salz würzen, ca. 1 1/2 Stunden kochen, bis das Fleisch weich ist.

3. Das Fleisch herausnehmen und in kleine Würfel schneiden, warm stellen. In der Zwischenzeit den Spinat verlesen, abbrausen und klein schneiden.
Die Zwiebel schälen und klein hacken.

4. In einer Pfanne etwas Butter schmelzen und die Zwiebel darin glasig dünsten. Den Spinat zugeben und bei geschlossenem Deckel garen.

5. In einer kleinen Pfanne etwas Butter schmelzen, Mehl zugeben und eine helle Mehlschwitze herstellen, mit etwas Brühe angießen und das Gemüse damit binden.

6. Die restliche Brühe zugeben, alles gut verrühren, die Fleischwürfel hinzufügen und ca. 10 Minuten köcheln. Zwischenzeitlich die Petersilienblätter fein hacken.

7. Danach die saure Sahne einrühren und mit Salz und Pfeffer abschmecken, die gehackte Petersilie unterrühren. Die gekochten Eier halbieren oder klein hacken und kurz vor dem Servieren auf die Suppe geben.

Kalte Jogurtsuppe mit Aprikosen

Zutaten:

450 ml Jogurt
225 ml Mineralwasser
50 g getrocknete Aprikosen
25 g Walnüsse
3 EL Schnittlauch
2 TL frischer Dill
2 TL frischer Estragon
Salz und Pfeffer

Zubereitung:

1. Die Aprikosen fein schneiden.
Die Walnüsse fein hacken. Den Schnittlauch, den Dill und den Estragon abbrausen, ausschütteln und fein hacken.

2. In einer Glasschüssel den Jogurt und das Mineralwasser mit einem Schneebesen verrühren. Die Aprikosen, die Walnüsse und die Kräuter einrühren und mit Salz und Pfeffer würzen.

3. Für ca. 1 bis 2 Stunden in den Kühlschrank stellen.

Pikante Suppen

Roter Linseneintopf

Zutaten:

250 g rote Linsen
1 l Salzwasser
2 Zwiebeln
1 Knoblauchzehe
500 g Knoblauchwurst
2 rote Paprikaschoten
2 EL Butter
2 EL Mehl
500 ml Gemüsebrühe
250 ml Weißwein
1 Bund Petersilie
Salz und Pfeffer

Zubereitung:

1. Die Zwiebeln schälen, vierteln und eine davon fein hacken. Den Knoblauch schälen und zerdrücken. Die Paprikaschoten waschen, entkernen und in kleine Würfel schneiden. Die Wurst in Scheiben schneiden.

2. Die Linsen in 1 l Salzwasser zusammen mit einer geviertelten Zwiebel ca. 60 Minuten kochen. Anschließend abgießen und beiseite stellen.

3. Die Butter in einem Topf zerlassen, die Wurst darin anbraten, die gehackten Zwiebeln, den Knoblauch und die Paprikawürfel zugeben, ca. 10 Minuten mit andünsten.

4. Die gegarten Linsen in den Topf geben, mit Mehl bestäuben, kurz umrühren, mit der Brühe und dem Wein angießen und einmal aufkochen. Mit Salz und Pfeffer würzen.

5. Die Petersilie abbrausen und trocknen, die Blätter grob hacken und unter den Eintopf rühren.

Chicoréesuppe

Zutaten:

500 g Chicorée
1 Schalotte
2 EL Butter
50 ml trockener Wermut
600 ml Gemüsebrühe
100 g rote Linsen
250 ml saure Sahne
2 EL Orangensaft
1 Bund Petersilie
Salz und Pfeffer

Zubereitung:

1. Die Linsen über Nacht in Wasser einweichen, durch ein Sieb abschütten, mit kaltem Wasser abspülen.

2. In einem Topf mit reichlich Salzwasser die Linsen weich kochen, das Wasser abschütten.

3. Den Chicorée waschen und in Streifen schneiden. Die Schalotte schälen und klein schneiden. Die Petersilie abbrausen, ausschütteln und die Blätter fein hacken.

4. In einem Topf die Butter schmelzen lassen und die Schalotte andünsten, die Chicoréestreifen zugeben und kurz mitdünsten. Mit dem Wermut ablöschen und die Brühe angießen.

5. Zugedeckt ca. fünf Minuten köcheln lassen. Anschließend mit einem Pürierstab pürieren.

6. Die gegarten Linsen zugeben, nochmals aufkochen lassen, die saure Sahne einrühren, den Orangensaft zugeben, mit Salz und Pfeffer abschmecken. Die Petersilie darüber streuen.

Pikante Suppen

Kalte Lammkeule

Zutaten:

1 Lammkeule, etwa 2 kg, mit Knochen
4 Knoblauchzehen
2 Limetten (Saft)
1 Bund Minze
1 Lorbeerblatt
2 Peperoni
1 TL Oregano
1 TL Majoran
2 EL Butter
1 Tasse heißes Wasser
Salz und Pfeffer

Zubereitung:

1. Die Lammkeule waschen, abtrocknen und zum Füllen schmale Schlitze in das Fleisch schneiden. Die Knoblauchzehen schälen, längs halbieren und in die Schlitze stecken.

2. Die Peperoni entkernen und klein schneiden. Die Limetten auspressen und mit dem Saft die Lammkeule gut einreiben.

3. Den Backofen auf 180° C vorheizen. Die Keule mit Salz, Pfeffer, Oregano und Majoran würzen, in einen Bräter legen, den Bund Minze, die Peperoni und das Lorbeerblatt zugeben.
Im Backofen ca. 60 Minuten schmoren lassen, dabei ab und zu wenden.

4. Nach ca. 60 Minuten das Fett abschöpfen, das heiße Wasser in den Bräter geben. Das Fleisch mit Butter bestreichen und nochmals ca. 90 Minuten schmoren lassen, bis die Keule gar ist.

5. Die Lammkeule erkalten lassen, anschließend in dünne Scheiben schneiden und auf einem Teller anrichten.

Gurkensalat mit Jogurt

Zutaten:

1 Salatgurke
250 g Jogurt
2 Knoblauchzehen
3 EL frische Minze
Salz und Pfeffer

Zubereitung:

1. Die Gurke schälen, raspeln, etwas salzen und im Kühlschrank ca. 15 Minuten ziehen lassen.

2. Den Knoblauch schälen, zerdrücken und fein hacken. Die Minzeblätter abbrausen, trockenschütteln, abzupfen und klein schneiden.

3. Den Jogurt in eine Schüssel füllen, mit dem Schneebesen aufschlagen, die Gewürze zugeben, alles gut verrühren.

4. Von den Gurkenraspeln das Wasser abschütten und die Gurken mit der Jogurtsauce vermischen.

Deftiges vom Lamm

Kalbsleberpastete

Zutaten:

300 g Kalbsleber
2 EL Butterschmalz
2 Zwiebeln
65 g Butter
1 Karotte
1 Tomate
1 EL Petersilie
eingelegte Paprika
2 Eier
Muskat
Salz und Pfeffer

Zubereitung:

1. Die Eier hart kochen, abschrecken und abkühlen lassen. Die Zwiebeln schälen und fein hacken. Die Karotte schälen und fein raspeln. Die Petersilie abbrausen, ausschütteln und fein hacken.

2. Die Tomate an der Blüte über Kreuz einschneiden, mit kochendem Wasser übergießen, kurz im Wasser liegen lassen, häuten und klein schneiden. Die Kalbsleber waschen, abtrocknen und in Würfel schneiden.

3. In einer Pfanne 1 EL Butterschmalz schmelzen und die Leber darin goldbraun braten, herausnehmen und in eine Schüssel geben.

4. Das restliche Butterschmalz in die Pfanne geben und die Zwiebeln, die Karottenraspel, die eingelegten Paprika und die Tomate darin schmoren, die Petersilie kurz mit unterrühren und den Pfanneninhalt in die Schüssel zu der Leber geben.

5. Die Zutaten in der Schüssel mit dem Pürierstab gut pürieren, die Butter zugeben und das Ganze mit Salz, Pfeffer und Muskat würzen.

6. Eine Kastenform mit Öl auspinseln. Die Pastete in die Form füllen, abdecken und über Nacht in den Kühlschrank stellen.

7. Kurz vor dem Servieren auf eine Platte stürzen und mit den harten Eiern garnieren.

Fein und würzig

Huhn nach Tscherkesenart

Zutaten:

1 küchenfertiges Suppenhuhn
1 l Salzwasser
1 Karotte
1 Zwiebel
2 Nelken
einige Pfefferkörner
einige Wacholderbeeren
1 Lorbeerblatt
350 g Walnusskerne
1 TL Paprikapulver
6 Scheiben Toastbrot
1/4 l Hühnerbrühe
1/4 l Milch
4 EL Walnussöl
1 Prise Cayennepfeffer
1 Bund Koriandergrün
Salz, Pfeffer

Zubereitung:

1. Das Suppenhuhn unter fließendem, kaltem Wasser waschen und abtrocknen. Die Zwiebel und die Karotte schälen und vierteln.

2. Das Huhn mit dem Salzwasser in einen Suppentopf geben, das Lorbeerblatt, die Wacholderbeeren, Pfefferkörner, die Karotte und die Zwiebel zugeben und zum Kochen bringen. Die Hitze reduzieren und bei schwacher Hitze das Geflügel ca. 60 Minuten gar kochen.

3. Das Huhn aus der Brühe nehmen, erkalten lassen und das Fleisch von den Knochen ablösen.

4. Die Walnüsse sehr fein hacken, einige schöne Hälften zur Garnierung ganz lassen. Das Toastbrot entrinden und in etwas Hühnerbrühe einweichen, leicht ausdrücken, in eine Schüssel geben und beiseite stellen.

5. In einem weiten Topf die Walnüsse und das Paprikapulver ohne Öl leicht anrösten, bis das Öl der Nüsse ausschwitzt, erkalten lassen.

6. Das Koriandergrün abbrausen, ausschütteln und die Blätter fein hacken. Die Hühnerbrühe, die Milch und die Nüsse mit dem Paprika zu dem Toastbrot in die Schüssel geben und alles mit dem Pürierstab pürieren.

7. Das Brustfleisch des Huhns in sehr feine Streifen zupfen, mit Salz und Pfeffer würzen. Die Hälfte Fleisch mit der Hälfte Nussbrei mischen und auf eine Platte geben.

8. Das Walnussöl mit Cayennepfeffer mischen und darüber träufeln. Das restliche Fleisch darauf legen und mit dem restlichen Nussbrei bedecken. Ca. 30 Minuten bei Raumtemperatur durchziehen lassen.

9. Mit den zurückbehaltenen Nusshälften verzieren und mit Koriandergrün bestreuen.

Zartes Geflügel

Gefülltes Fladenbrot

Zutaten:

1 Zwiebel
1 Knoblauchzehe
1 Paprikaschote
1 kleiner Eisbergsalat
1 Fladenbrot
350 g Knoblauchwurst
2 EL Olivenöl
1/2 TL getrockneter Oregano
Salz und Pfeffer

Für die Jogurtsauce:
1 Becher Jogurt
1 Knoblauchzehe
1 TL frische, gehackte Minze
1 TL frische, gehackte Petersilie
1 EL Zitronensaft
Salz und Pfeffer

Zubereitung:

Für die Sauce:

1. Den Knoblauch schälen und zerdrücken. Die Minze und die Petersilie abbrausen, ausschütteln und die Blätter fein hacken.

2. Den Jogurt in eine Schüssel geben, den Knoblauch, die Gewürze und den Zitronensaft hinzufügen, gut verrühren, mit Salz und Pfeffer abschmecken. In den Kühlschrank stellen.

Für das Fladenbrot:

1. Die Zwiebel schälen und klein schneiden. Den Knoblauch schälen und zerdrücken. Die Paprikaschote halbieren, entkernen und in kleine Streifen schneiden.

2. Den Salat zerlegen, abbrausen und in dünne Streifen schneiden. Die Wurst in kleine Scheiben schneiden.

3. Den Backofen auf 200° C vorheizen und das Fladenbrot ca. acht Minuten aufbacken.

4. Inzwischen das Öl in einer Pfanne erhitzen und die Zwiebel, den Knoblauch und die Paprikastreifen darin andünsten. Die Wurst zugeben und mit dem Oregano, Salz und Pfeffer würzen, ca. drei Minuten mitdünsten.

5. Das warme Fladenbrot vierteln und Taschen einschneiden. Mit Eisbergsalat, Wurst-Gemüsemischung füllen und die Jogurtsauce darüber geben.

Pikant und knusprig

Türkische Pizza

Zutaten:

Für den Hefeteig:
450 g Mehl
1/2 Päckchen Hefe
Salz
1/4 l Wasser

Für den Belag:
1 Bund Frühlingszwiebeln
4 Strauchtomaten
3 Peperoni
2 Bund Petersilie
300 g Rinderhack
2 TL Paprikaflocken
1/2 TL Kreuzkümmel
3 EL Olivenöl
2 große Zwiebeln
Salz und Pfeffer

Zubereitung:

1. Mehl und Salz in eine Schüssel geben. Eine Vertiefung in das Mehl drücken und die Hefe hineinbröckeln.

2. Die Hefe mit 1/4 l lauwarmem Wasser zu einem glatten Teig verrühren, von der Seite etwas Mehl dazurühren und einen kleinen Vorteig herstellen. Zugedeckt ca. 15 Minuten an einem warmen Ort gehen lassen.

3. Anschließend das restliche Mehl unterrühren und mit den Händen zu einem glatten Teig verkneten. Den Teig mit einem Küchentuch bedeckt an einem warmen Ort nochmals ca. 30 Minuten gehen lassen.

4. Den Backofen auf 170° C vorheizen. Zwischenzeitlich die Frühlingszwiebeln putzen, abbrausen und in kleine Ringe schneiden.

5. Die Tomaten an der Blüte über Kreuz einschneiden, mit kochendem Wasser übergießen, kurz im Wasser liegen lassen, häuten und klein schneiden. Die Peperoni der Länge nach halbieren, entkernen und in halbe Ringe schneiden. Die Petersilie abbrausen, ausschütteln, einige Blätter zur Garnierung aufheben, die restlichen Blätter grob hacken.

6. Das Hackfleisch in eine Schüssel geben und mit dem vorbereiteten Gemüse und den Gewürzen gut vermengen.

7. Auf einer bemehlten Arbeitsfläche den Teig ausrollen und auf ein gefettetes Backblech legen. Mit den Händen den Teig dem Blechboden anpassen. Die Hackfleischmischung auf dem Hefeteig verteilen, mit etwas Olivenöl beträufeln und ca. 20–30 Minuten im Backofen backen.

8. Die Zwiebeln schälen und in feine Ringe schneiden, mit etwas Salz bestreuen und in den Kühlschrank stellen. Kurz vor dem Servieren die Zwiebelringe abspülen, abtrocknen und mit den Petersilienblättern auf die Pizza geben, sofort servieren.

Pikant und knusprig

Nudeltaschen mit Kartoffelfüllung

Zutaten:

Für den Nudelteig:
350 g Weizenmehl
2 Eier
1 EL Essig
8 EL Wasser

Für die Kartoffelfüllung:
600 g Kartoffeln
5 EL Butter
1 Zwiebel
1 Knoblauchzehe
3 EL Petersilie
1/2 TL gemahlener Kreuzkümmel
3 Eier
150 g Schafskäse
125 g Butter
Salz und Cayennepfeffer

Zubereitung:

1. Das Mehl in eine Schüssel sieben, die Eier, den Essig und das Wasser zugeben und zu einem Teig verkneten. Den Teig in eine Alufolie einrollen und eine Stunde ruhen lassen.

2. Zwischenzeitlich die Kartoffeln schälen und in Salzwasser kochen. Die Zwiebel schälen und fein würfeln. Den Knoblauch schälen und zerdrücken. Die Petersilie abbrausen, ausschütteln und die Blätter fein hacken.

3. Die Kartoffeln abschütten, durch eine Kartoffelpresse drücken und die Petersilie unterrühren.

4. Die Butter in einer Pfanne erhitzen, die Zwiebel und den Knoblauch darin andünsten, mit Salz, Cayennepfeffer und Kreuzkümmel würzen, unter das Kartoffelpüree mischen.

5. Die Eier aufschlagen und trennen. Die Eigelbe und den zerdrückten Käse ebenfalls unter das Kartoffelpüree rühren. Die Eiweiße mit einer Gabel aufschlagen; sie werden zum Verkleben der Teigränder benötigt.

6. Den Teig aus der Alufolie nehmen, auf einer leicht bemehlten Arbeitsfläche dünn ausrollen und runde Teigplatten mit einem Durchmesser von 8–10 cm ausstechen. Die Kartoffelmasse auf die Teigplatten verteilen, die Teigränder mit Eiweiß bestreichen und zusammenklappen. Die Ränder müssen fest zusammengedrückt werden.

7. In einem Topf Salzwasser zum Kochen bringen, die Teigtaschen in das kochende Wasser einlegen, die Hitze reduzieren und die Taschen ca. 10–20 Minuten ziehen lassen. In der Zwischenzeit die Butter mit einer Prise Salz in einem kleinen Topf schmelzen lassen.

8. Die fertigen Nudeltaschen mit einem Schaumlöffel aus dem Wasser nehmen, auf einer Platte anrichten und mit der heißen Butter übergießen.

Vegetarisches al dente

Zucchinipuffer mit Zitronenjogurt

Zutaten:

500 g Zucchini
1 Schalotte
1 Zitrone (Saft)
75 g Weizenmehl
4 Eier
3 EL Minze
2 EL Dill
Olivenöl zum Braten
Salz und Pfeffer

Für die Sauce:
3 Becher Jogurt
1 Zitrone (Saft)
3 EL Zitronenmelisse
2 EL Honig
1 Prise gemahlener Kreuzkümmel
1 Msp. Paprika
Salz und Pfeffer

Zubereitung:

1. Die Zitrone waschen, die Schale abreiben und die Zitrone anschließend auspressen. Die Zucchini waschen und fein raspeln. Die Schalotte schälen und fein schneiden. Die Minze und den Dill abbrausen und fein hacken.

2. Die Zucchiniraspel, die Schalotte und die Zitronenschale in eine Schüssel geben und mit dem Zitronensaft beträufeln. Das Mehl und die Eier zugeben, mit den Händen zu einem Teig verarbeiten, mit Salz und Pfeffer kräftig würzen und die Kräuter zugeben. Den Teig beiseite stellen.

3. Zunächst die Sauce zubereiten: Die Zitronenmelisse abbrausen, trockenschütteln und klein schneiden. Die Zitrone auspressen. Den Jogurt mit dem Zitronensaft, der Zitronenmelisse, dem Honig und dem Kreuzkümmel verrühren und mit den Gewürzen abschmecken.

4. Die Zucchinipuffer ausbacken: Das Öl in einer Pfanne erhitzen, mit einem Löffel den Zucchiniteig in das heiße Fett geben, die Puffer mit dem Löffel flach drücken und formen, auf jeder Seite ca. zwei Minuten goldgelb backen. Die fertigen Zucchinipuffer im Backofen oder in einem anderen Topf warm halten.

5. Die Zucchinipuffer auf einer Platte anrichten und die Sauce dazu servieren.

Tipp: Zu diesem Gericht können verschiedene Dips gereicht werden!

Deftiges Gemüse

Gemüse im Teig

Zutaten:

6 kleine Karotten
200 g Brokkoliröschen
200 g Champignons
1 Paprikaschote
2 l Salzwasser
1 Schalotte
1 Lorbeerblatt
2 Nelken
4 Pfefferkörner
4 Wacholderbeeren
100 g Maismehl
1 Prise Salz
1 Prise Muskat
1/4 l Milch
2 Eigelb
2 Eiweiß
1 Bund Petersilie
Öl zum Frittieren

Zubereitung:

1. Die Karotten schälen, den Brokkoli waschen und in kleine Röschen zerteilen, die Champignons putzen. Die Paprikaschote waschen und in Ringe schneiden, die Kerne entfernen. Die Schalotte schälen und vierteln.

2. Das Salzwasser erhitzen, die vorbereiteten Gemüse (die Paprikaringe müssen nicht vorgegart werden), die Schalotte und die Gewürze wie Lorbeerblatt, Nelken, Pfefferkörner und Wacholderbeeren hineingeben und ca. 5–10 Minuten köcheln.

3. Die Gemüse mit einem Schaumlöffel aus dem Salzwasser nehmen und auf Küchenkrepp gut abtropfen lassen. Inzwischen das Mehl in eine Schüssel geben, mit Salz und Muskat würzen. Die Milch und die Eigelbe hinzufügen und zu einem glatten Teig verrühren. Die Eiweiße sehr steif schlagen und unter den Teig heben.

4. Reichlich Öl in einer Fritteuse erhitzen. Die einzelnen Gemüse durch den Teig ziehen und in der Fritteuse goldgelb ausbacken.

5. Die Petersilie abbrausen, gut ausschütteln, in der Fritteuse kurz frittieren (Vorsicht – es spritzt, wenn Petersilie in Fett getaucht wird!) und zum Garnieren verwenden.

Vegetarisch und knusprig

Lammeintopf

Zutaten:

1 kg mageres Lammfleisch
Olivenöl
2 große Zwiebeln
1 kg Okraschoten
4 Knoblauchzehen
5 Strauchtomaten
1 Peperoni
1 EL Tomatenmark
1 Lorbeerblatt
1 TL Kreuzkümmel
scharfer Paprika
1 Limette (Saft)
1 l Wasser
1 Bund Petersilie
Salz und Pfeffer

Zubereitung:

1. Das Fleisch in 2 cm große Würfel schneiden. Die Zwiebeln und den Knoblauch schälen und klein schneiden.

2. Die Okraschoten waschen, putzen und die Stiele entfernen. Die Tomaten an der Blüte über Kreuz einschneiden, mit kochendem Wasser übergießen, kurz im Wasser liegen lassen, häuten und klein schneiden.

3. Das Öl in einem großen, weiten Topf erhitzen, das Fleisch darin kross anbraten.

4. Die Zwiebeln, die Peperoni, die Tomaten und den Knoblauch zugeben und mitdünsten. Die Okraschoten zu dem Fleisch geben, umrühren und etwas mitschmoren lassen.

5. Die Gewürze wie Tomatenmark, Lorbeerblatt, Salz, Pfeffer, Paprika, Kreuzkümmel und Limettensaft zugeben, das Wasser angießen. Zugedeckt ca. 90 Minuten bei schwacher Hitze garen.

6. Die Petersilie abbrausen, trockenschütteln, die Blätter grob hacken und vor dem Servieren über den Eintopf streuen.

Tipp: Dazu passen hervorragend Reis oder Kartoffeln!

Deftiges vom Lamm

Wachtelbohnen mit Knoblauchwurst

Zutaten:

500 g Wachtelbohnen
2 l Wasser
2 Knoblauchzehen
2 Zwiebeln
2 Kartoffeln
4 Karotten
2 Stangen Lauch
Olivenöl
1 l Gemüsebrühe
1/2 TL getrockneter Majoran
1/2 TL getrocknetes Bohnenkraut
1 EL Kreuzkümmel
Essig
500 g Knoblauchwurst
Salz und Pfeffer

Zubereitung:

1. Die Bohnen über Nacht in Wasser einweichen, abgießen und beiseite stellen.

2. Die Zwiebeln, die Karotten und die Kartoffeln schälen und klein würfeln. Den Lauch putzen, abbrausen und in Ringe schneiden. Den Knoblauch schälen und zerdrücken.

3. Das ÖL in einem Topf erhitzen, den Knoblauch darin dünsten. Die Zwiebeln zugeben. Die Karotten, die Kartoffeln und den Lauch nach und nach in den Topf geben, gut durchrühren und einige Zeit mitdünsten.

4. Die Bohnen hinzufügen, mit Majoran, Bohnenkraut und Kreuzkümmel würzen, die Gemüsebrühe angießen, kräftig aufkochen lassen und anschließend die Hitze reduzieren.

5. Mit geschlossenem Deckel den Eintopf ca. 50–60 Minuten leicht köcheln lassen, ab und zu umrühren.

6. Die Wurst in ca. 5 mm dicke Scheiben schneiden und ca. 10 Minuten vor dem Servieren in die Suppe geben, damit sie noch warm wird. Mit Essig, Salz und Pfeffer abschmecken.

Herzhaft und feurig

Kichererbsen mit Knoblauchwurst

Zutaten:

250 g Kichererbsen
1 l Wasser
1 Zwiebel
1 Peperoni
2 Knoblauchzehen
3 Karotten
2 Stangen Lauch
1/2 Knolle Sellerie
3 Kartoffeln
3 Tomaten
4 EL Olivenöl
1 TL Oregano
1 TL Kreuzkümmel
1 Prise Cayennepfeffer
1 l Gemüsebrühe
500 g Knoblauchwurst
1 Becher Schmand
1 Bund Koriander
Salz und Pfeffer

Zubereitung:

1. Die Kichererbsen über Nacht in reichlich Wasser einweichen, dann abgießen und beiseite stellen.

2. Die Zwiebel schälen und würfeln. Die Peperoni entkernen und fein schneiden. Den Knoblauch schälen und zerdrücken. Die Kartoffeln, die Karotten und den Sellerie schälen und in Würfel schneiden. Den Lauch abbrausen und in Ringe schneiden.

3. Die Tomaten an der Blüte über Kreuz einschneiden, mit kochendem Wasser übergießen, kurz im Wasser liegen lassen, häuten und klein würfeln.

4. Das Öl in einem weiten Topf erhitzen und den Knoblauch und die Zwiebel darin andünsten, die Peperoni und die Gewürze wie Oregano und Kreuzkümmel zugeben und mit unterrühren.

5. Nach und nach die Karotten, den Sellerie, die Kartoffeln und den Lauch zugeben, kräftig durchrühren und zugedeckt etwas schmoren lassen, mit Salz, Pfeffer und Cayennepfeffer würzen.

6. Zum Schluss die Tomaten in den Topf geben, mit durchrühren und die Kichererbsen zufügen, mit der Gemüsebrühe angießen, leicht aufkochen lassen. Die Hitze reduzieren und den Eintopf ca. 60 Minuten bei geschlossenem Deckel garen.

7. Ca. 10 Minuten vor dem Servieren den Schmand in den Eintopf rühren, die ganzen oder in Scheiben geschnittenen Würste hineinlegen und gar ziehen lassen.
Der Eintopf darf nicht mehr kochen, sonst flockt der Schmand aus!

8. Den Koriander abbrausen, trockenschütteln, die Blätter fein hacken und über den Eintopf geben.

Pikanter Eintopf

Lammtopf

Zutaten:

350 ml Wasser
175 g Reis
10 getrocknete, entsteinte Pflaumen
600 g Lammfleisch aus der Keule
2 EL Olivenöl
2 Zwiebeln
2 Knoblauchzehen
125 ml Tomatensaft
1 TL gemahlener Ingwer
1/4 TL gemahlener Zimt
50 g Korinthen
1 TL Piment
3 TL Zitronensaft
1 EL getrocknete Minze
Salz und Pfeffer
50 g Feta

Zum Garnieren:
50 g Mandelblättchen
1 EL Butter

Zubereitung:

1. Die Pflaumen eine Stunde einweichen. Den Reis im Salzwasser zum Kochen bringen, aufkochen lassen, Temperatur reduzieren, ca. 20 Minuten quellen lassen, danach abschütten und beiseite stellen.

2. Das Fleisch waschen, abtrocknen und in ca. 3 cm große Würfel schneiden. Die Zwiebeln schälen und klein hacken. Den Knoblauch schälen, zerdrücken und hacken.

3. Das Öl in einem Bräter erhitzen, das Fleisch darin kross anbraten. Die Zwiebeln und den Knoblauch zugeben und glasig dünsten.

4. Mit dem Tomatensaft angießen und mit Salz, Pfeffer, Ingwer und Zimt würzen. Den Eintopf ca. 90 Minuten leicht schmoren lassen.

5. Den Reis, die abgetropften Pflaumen, die Rosinen, den Piment, die Minze und den Zitronensaft zu dem Schmortopf geben, gut vermengen, mit dem zerbröckelten Käse bestreuen und im vorgeheizten Backofen bei 200° C ca. 30 Minuten backen.

6. Die Mandeln in der Butter anrösten und vor dem Servieren über den Lammtopf streuen.

Deftiger Eintopf

Bulgur-Gratin

Zutaten:

200 g grober Bulgur
700 ml Gemüsebrühe
40 g Butter
1 Knoblauchzehe
60 g Parmesankäse, gerieben
3 Eigelb
geröstete Zwiebelringe

Zubereitung:

1. Den Knoblauch schälen und zerdrücken.

2. In einem Topf die Butter schmelzen, den Knoblauch darin andünsten, den Bulgur einstreuen, kurz umrühren, die Gemüsebrühe angießen und einmal aufkochen lassen. Den Deckel schließen und das Ganze bei milder Hitze ca. 20 Minuten ausquellen lassen.

3. Von der Herdplatte nehmen, den Parmesan und die Eigelbe unterrühren.

4. Eine feuerfeste Form mit etwas Butter ausstreichen, die Masse hineingeben und glatt streichen. Mit einem Messer in Quadrate teilen.

5. In den auf 200° C vorgeheizten Backofen stellen und ca. 30 Minuten backen.
Mit den gerösteten Zwiebelringen belegen und mit Salat servieren.

Selleriesalat

Zutaten:

4 Stangen Staudensellerie
1 1/2 l Salzwasser

Für die Salatsauce:
300 g Jogurt
1 Schalotte
1 Knoblauchzehe
Salz und Pfeffer
2 EL Petersilie
1 EL Essig
1 Prise Zucker

Zubereitung:

1. Den Sellerie waschen, in 1 cm große Stücke schneiden und in Salzwasser weich kochen.

2. Die Schalotte und den Knoblauch schälen, die Schalotte klein schneiden, den Knoblauch zerdrücken.
Die Petersilie abbrausen, trockenschütteln und die Blätter klein schneiden.

3. Den Jogurt in eine Schüssel geben, mit der Schalotte, dem Knoblauch und der Petersilie gut verrühren und mit Salz, Pfeffer, Essig und Zucker würzen.

4. Den Sellerie durch ein Sieb abschütten, erkalten lassen und unter die Jogurtsauce rühren.

Knuspriges aus dem Ofen

Hackfleisch mit Auberginen

Zutaten:

1 Aubergine
4 Kartoffeln
1/8 l Olivenöl
Rosmarin
5 Strauchtomaten
5 Zwiebeln
2 Knoblauchzehen
250 g Lammhack
250 g Rinderhack
Thymian
Salbei
3 Eier
1/8 l Milch
Cayennepfeffer
Salz, Pfeffer

Zubereitung:

1. Die Aubergine waschen, in Scheiben schneiden, salzen und ca. 20 Minuten im Kühlschrank ziehen lassen.
Die Kartoffeln schälen und in dünne Scheiben schneiden.

2. Eine Auflaufform mit Öl auspinseln, die Kartoffelscheiben einschichten, mit Pfeffer, Salz und Rosmarin würzen und ca. 25 Minuten im vorgeheizten Backofen bei 200° C backen.

3. Die Tomaten an der Blüte über Kreuz einschneiden, mit kochendem Wasser übergießen, kurz im Wasser liegen lassen, häuten und in Scheiben schneiden. Die Zwiebeln und den Knoblauch schälen und klein würfeln.

4. In einer Pfanne das Öl erhitzen, die Zwiebeln und den Knoblauch darin glasig dünsten. Das Hackfleisch zugeben und unter Rühren braten.
Mit Salz, Pfeffer, den gehackten Kräutern und dem Cayennepfeffer kräftig würzen. Abkühlen lassen und über die Kartoffeln verteilen.

5. Die Auberginenscheiben mit kaltem Wasser abspülen, gut abtrocknen und in heißem Öl ca. 3–5 Minuten braten, zwischendurch wenden.
Aus der Pfanne nehmen und auf Küchenkrepp abtropfen lassen.

6. Die Auberginen und Tomaten schuppenförmig auf das Hackfleisch legen. Die Eier mit der Milch verquirlen und darüber gießen. Bei 200° C ca. 25 Minuten im Ofen fertig garen.

Knuspriges aus dem Ofen

Gefüllte Auberginen mit Hirse

Zutaten:

2 Auberginen
1 Zitrone (Saft)

Für die Füllung:
50 g Goldhirse
300 g Tomaten
1/4 l Gemüsebrühe
1 Schalotte
1 Knoblauchzehe
1/2 Bund Schnittlauch
1/2 Bund Petersilie
300 g Tomaten
1 Schalotte
Olivenöl
1/8 l Weißwein
Oregano
80 g Reibkäse
Salz und Pfeffer

Zubereitung:

1. Die Auberginen waschen, halbieren und mit einem Teelöffel bis auf 1 cm Randstärke aushöhlen, mit etwas Salz bestreuen und beiseite stellen.

2. Das ausgehöhlte Fruchtfleisch mit Zitronensaft beträufeln, 10 Minuten ziehen lassen, anschließend grob hacken.

3. Zwischenzeitlich die Hirse in der Gemüsebrühe ca. 10 Minuten kochen, dann die Hitze reduzieren und zugedeckt weitere 10 Minuten quellen lassen. Den Backofen auf 200° C vorheizen.

4. Die Auberginen mit kaltem Wasser abspülen, abtropfen lassen und mit Zitronensaft beträufeln.

5. Die Schalotte und den Knoblauch schälen und fein hacken. Die Tomaten an der Blüte über Kreuz einschneiden, mit kochendem Wasser übergießen, kurz im Wasser liegen lassen, häuten und klein schneiden. Den Schnittlauch und die Petersilie abbrausen und fein hacken.

6. Das Fruchtfleisch, die Hirse, die Tomatenstückchen, den Knoblauch, die Schalotte und die Kräuter vermischen, salzen und pfeffern und die Auberginen damit füllen.

7. Die Tomaten an der Blüte über Kreuz einschneiden, mit kochendem Wasser übergießen, kurz im Wasser liegen lassen, häuten und grob schneiden. Die Schalotte schälen und hacken.

8. Das Öl in einem Topf erhitzen, die Schalotte darin andünsten. Die Tomaten zugeben, kurz mitdünsten, mit Wein ablöschen und mit Oregano, Salz und Pfeffer würzen.

9. Die Sauce auf dem Boden einer großen Auflaufform verteilen, die Auberginen darauf legen. In den Backofen schieben und zugedeckt ca. 20 Minuten schmoren lassen.

10. Dann den Reibkäse über die Auberginen geben und das Ganze 10–15 Minuten ohne Deckel überbacken.
Kann warm und kalt serviert werden.

Deftiges Gemüse

Hähnchen auf Auberginenpüree

Zutaten:

3 Auberginen
Zitronensaft
80 g Butter
1 EL Mehl
3/8 l Milch
3 EL geriebener Käse
1 küchenfertiges Hähnchen
4 Schalotten
5 Strauchtomaten
1/4 l Wasser
1 TL getrockneter Thymian
1 TL getrockneter Oregano
1 Bund Koriandergrün
Salz und Pfeffer

Zubereitung:

1. Den Backofen auf 250° C vorheizen. Die Auberginen waschen, abtrocknen und im Backofen ca. 20–30 Minuten rösten, bis die Haut runzelig wird.

2. Die Auberginen aus dem Ofen nehmen, mit kaltem Wasser abschrecken und vom Stiel aus häuten, halbieren, entkernen und sehr fein schneiden.

3. Die Stücke in eine Schüssel geben und mit reichlich Zitronensaft beträufeln, damit das Fruchtfleisch nicht braun wird. Mit einem Pürierstab pürieren, beiseite stellen.

4. In einem weiten Topf die Hälfte der Butter schmelzen, das Mehl einrühren und hellbraun anschwitzen. Das Auberginenpüree mit einem Schneebesen kräftig unter die Mehlschwitze rühren. Nach und nach die Milch zugeben und unter ständigem Rühren aufkochen lassen.

5. Temperatur reduzieren und ca. zwei Minuten köcheln lassen, bis das Püree dick wird. Den Topf von der Herdplatte nehmen, 1 EL Butter und den Käse unterrühren, mit Salz abschmecken. Beiseite stellen.

6. Das Hähnchen waschen, abtrocknen und zerteilen. Die Schalotten schälen und fein hacken. Die Tomaten an der Blüte über Kreuz einschneiden, mit kochendem Wasser übergießen, kurz im Wasser liegen lassen, häuten und klein schneiden.

7. Den Rest der Butter in einer Pfanne schmelzen und die Hähnchenteile zuerst auf der Hautseite, dann auf der Fleischseite kross anbraten, aus der Pfanne nehmen und beiseite stellen.

8. Die Schalotten in der Pfanne glasig dünsten, dann die Tomatenstückchen dazugeben und bei mittlerer Hitze ca. drei Minuten schmoren. 1/4 l Wasser angießen, aufkochen lassen und mit Thymian, Oregano, Salz und Pfeffer würzen.

9. Die Hähnchenteile in die Sauce legen und zugedeckt bei schwacher Hitze ca. 30 Minuten garen lassen. Den Koriander abbrausen, ausschütteln und fein hacken.

10. Das Auberginenpüree erwärmen, auf einer Platte anrichten, die Hähnchenteile darauf legen, die Tomatensauce darüber gießen und mit Koriandergrün garnieren.

Zartes Geflügel

Pastete mit Huhn

Zutaten:

1 küchenfertiges Suppenhuhn
2 Schalotten
2 l Salzwasser
2 Lorbeerblätter
Wacholderbeeren
Pfefferkörner
2 Schalotten
2 EL Olivenöl
1 Knoblauchzehe
175 g Langkornreis
1/2 l Hühnerbrühe
50 g Rosinen
50 g Pinienkerne
125 g Butter
500 g Yufka (**Yufka sind Teigplatten, erhältlich in türkischen Fachgeschäften.**)
1 TL Zimt
Salz und Pfeffer

Zubereitung:

1. Das Suppenhuhn unter fließendem, kaltem Wasser waschen und abtrocknen. Die Schalotten schälen und vierteln.

2. Das Huhn mit dem Salzwasser in einen Suppentopf geben, die Lorbeerblätter, Wacholderbeeren, Pfefferkörner und die Schalotten zugeben und zum Kochen bringen. Die Temperatur reduzieren und das Geflügel bei schwacher Hitze ca. 60 Minuten garen.

3. Das Huhn aus der Brühe nehmen, erkalten lassen und das Fleisch von den Knochen ablösen.
Die Schalotten schälen und fein hacken. Den Knoblauch schälen und zerdrücken.

4. Das Öl in einem Topf erhitzen, die Schalotten und den Knoblauch darin glasig dünsten, den Reis zugeben und ca. 10 Minuten mitdünsten.

5. Die Hühnerbrühe angießen, mit Salz und Pfeffer würzen und den Reis in ca. 25 Minuten fertig garen.
Danach die zerkleinerten Hühnerfleischstücke unter den Reis mischen.

6. Die Pinienkerne grob hacken und mit den Rosinen unter den Reis heben.

7. Eine Auflaufform mit Olivenöl ausstreichen und mit den Teigplatten auslegen. Den Reis auf den Teigplatten verteilen. Die Butter in einem Pfännchen schmelzen und die Hälfte der geschmolzenen Butter über den Reis geben.

8. Die Pastete nun mit einer Teigplatte abdecken und die überstehenden Ränder vorsichtig abschneiden.
Mit einem scharfen Messer mehrmals in den Teig einstechen, damit der Dampf entweichen kann. Mit dem Rest der Butter die Teigplatte bestreichen.
Den Backofen auf 200° C vorheizen und die Pastete ca. 25 Minuten darin backen.

Geflügelvariationen

Putenrouladen

Zutaten:

4 dünne Putenschnitzel
2 EL frisches Basilikum
100 g Mandelblättchen
4 Scheiben junger Kasar-Käse *(erhalten Sie in türkischen Fachgeschäften!)*
Holzspieße
1 Eiweiß
4 EL Sonnenblumenöl
1 TL Mehl
2 Orangen (Saft)
Cayennepfeffer
Salz und Pfeffer

Zum Garnieren:
Orangenscheiben

Zubereitung:

1. Die Putenschnitzel waschen, abtrocknen, salzen und pfeffern.

2. Das Basilikum abbrausen, trockenschütteln, fein hacken und auf den Putenschnitzeln verteilen.

3. Die Hälfte der Mandelblättchen darüber streuen. Den Käse auf die Schnitzel legen. Die Schnitzel einrollen und die Enden mit den Holzspießen feststecken.

4. Das Eiweiß in einem tiefen Teller verquirlen. Die restlichen Mandelblättchen fein hacken und auf einen flachen Teller geben. Die Rouladen zuerst in Eiweiß, dann in den Mandeln wälzen, die Mandeln etwas andrücken.

5. Das Öl in einer Pfanne erhitzen und die Rouladen bei mittlerer Hitze rundherum ca. 10–15 Minuten anbraten. Anschließend herausnehmen und warm stellen.

6. Das Mehl in der Pfanne leicht anschwitzen, mit Orangensaft ablöschen und kurz aufkochen lassen. Mit Salz und Cayennepfeffer abschmecken.

7. Die Sauce separat zu den Rouladen servieren, mit Orangenscheiben garnieren.

Geflügelvariationen

Hähnchenkeulen mit Gemüse

Zutaten:

4 Hähnchenkeulen
4 EL Sesamöl
1 Knoblauchzehe
500 g frischer Spinat
1 gelbe Paprikaschote
1 rote Paprikaschote
5 Strauchtomaten
1 Zwiebel
2 EL Weinessig
Zucker
4 EL Weißwein
Salz und Pfeffer
Cayennepfeffer

Zubereitung:

1. Den Spinat putzen, abbrausen und in Streifen schneiden. Die Paprikaschoten putzen, waschen, halbieren, entkernen und in Stücke schneiden.

2. Die Tomaten an der Blüte über Kreuz einschneiden, mit kochendem Wasser übergießen, kurz im Wasser liegen lassen, häuten und klein schneiden.

3. Die Hähnchenkeulen mit kaltem Wasser waschen und abtrocknen. Die Zwiebel schälen und klein schneiden, die Knoblauchzehe schälen und zerdrücken.

4. Das Öl in einem großen Topf erhitzen und die Hähnchenkeulen erst auf der Hautseite, dann auf der Fleischseite knusprig braten.

5. Die Zwiebel, den Knoblauch, den Spinat und die Paprikastücke zum Fleisch geben und kurz mitdünsten. Mit Salz, Pfeffer, Cayennepfeffer, Essig und Zucker würzen. Zugedeckt ca. 20 Minuten schmoren lassen.

6. Zum Schluss die Tomaten zugeben, heiß werden lassen und das Ganze mit dem Wein verfeinern.

Dazu schmeckt Fladenbrot, aber auch Kartoffeln oder Reis!

Zartes Geflügel

Hähncheneintopf

Zutaten:

1 küchenfertiges Hähnchen
1 Gemüsezwiebel
250 ml Olivenöl
1/2 TL Ingwerpulver
1/2 TL Kurkuma
1/2 TL gemahlener Koriander
1/2 TL gemahlener Kreuzkümmel
3 EL frisches Koriandergrün
300 ml Wasser
350 g Kartoffeln
4 Strauchtomaten
Salz und Pfeffer

Zubereitung:

1. Das Hähnchen in vier Portionen zerlegen. Die Teile in eine flache Schüssel legen. Die Zwiebel schälen, in Ringe schneiden und die Hähnchenteile damit bedecken.

2. Das Koriandergrün abbrausen, trockenschütteln und fein hacken. Das Öl mit den Gewürzen, dem Koriandergrün sowie mit Salz und Pfeffer vermischen. Die Marinade über die Geflügelteile gießen und diese zugedeckt im Kühlschrank ca. 24 Stunden marinieren lassen.

3. 4 EL Marinade in einem Topf erhitzen, die Geflügelteile darin anbräunen, die Zwiebelringe zugeben und mitdünsten lassen. Die restliche Marinade und 300 ml Wasser zugeben und zugedeckt ca. 40 Minuten schmoren lassen.

4. Die Kartoffeln schälen und in ca. 5 mm dicke Scheiben schneiden. Die Tomaten an der Blüte über Kreuz einschneiden, mit kochendem Wasser übergießen, kurz im Wasser liegen lassen, häuten und anschließend klein schneiden.

5. Zusammen mit den Kartoffeln nach 40 Minuten zu den Hähnchenteilen geben und nochmals 20 Minuten zugedeckt schmoren.

Zartes Geflügel

Lammkeule mit Minzsauce

Zutaten:

1 Lammkeule, etwa 2 kg, mit Knochen
3 Knoblauchzehen
2 Limetten (Saft)
1 Bund Minze
1 Lorbeerblatt
2 Peperoni
1 TL Oregano
1 TL Majoran
2 EL Butter
1 Tasse heißes Wasser
1 kg Kartoffeln
Salz und Pfeffer

Zubereitung:

1. Die Lammkeule waschen, abtrocknen und schmale Schlitze in das Fleisch schneiden.

2. Den Knoblauch schälen, in kleine Stücke schneiden und in die Fleischschlitze stecken. Die Peperoni entkernen und klein schneiden.
Die Limetten auspressen und mit dem Saft die Lammkeule gut einreiben.

3. Den Backofen auf 180° C vorheizen. Die Keule in einen Bräter legen, den Bund Minze, die Peperoni und das Lorbeerblatt zugeben. Im Backofen ca. 60 Minuten schmoren lassen, dabei ab und zu wenden.

4. Die Kartoffeln schälen, vierteln und in kaltes Wasser legen, beiseite stellen. Nach ca. 60 Minuten das Fett abschöpfen und das heiße Wasser in den Bräter geben. Das Fleisch mit Butter bestreichen und nochmals ca. 90 Minuten schmoren lassen.

5. Nach ca. 30 Minuten die Kartoffeln in den Bräter geben, mit Salz, Pfeffer, etwas Oregano und Majoran bestreuen und fertig garen.

Herzhaftes vom Lamm

Lammfleischspieße

Zutaten:

500 g mageres Lammfleisch
300 ml Jogurt
1 EL frische Minze
3 EL Zitronensaft
16 getrocknete Aprikosen
4 kleine Schalotten
1 Zucchini
Olivenöl
Salz und Pfeffer

Zubereitung:

1. Die Aprikosen über Nacht in Wasser einweichen.

2. Das Lammfleisch in Würfel schneiden. Die Minze abbrausen und klein schneiden.

3. Den Jogurt in eine Schüssel geben, die Minze sowie den Zitronensaft einrühren und mit Salz und Pfeffer abschmecken. Die Fleischwürfel mit dem Jogurt gut vermischen, mit Folie abdecken und über Nacht marinieren.

4. Die Schalotten schälen und vierteln. Die Aprikosen durch ein Sieb abschütten, abtrocknen und halbieren. Die Spieße abwechselnd mit Fleisch (aus der Jogurtmischung nehmen, jedoch nicht abwischen), Aprikosen und Zwiebeln bestücken.

5. Die Spieße auf einen Grill legen oder in eine Pfanne und ca. 25–30 Minuten garen.

6. In der Zwischenzeit die Zucchini waschen, in ca. 2 cm dicke Scheiben schneiden und in kochendem Salzwasser ca. eine Minute blanchieren.
Das Wasser abschütten, die Zucchini auf Spieße stecken, mit Öl bestreichen und in einer Pfanne ca. 5–10 Minuten von allen Seiten leicht bräunen.

Dazu passen Reis und Trockenobst sowie Salat oder Folienkartoffeln.

Deftiges vom Lamm

Leberspieße mit Zwiebelsalat

Zutaten:

500 g Rinderleber
2 Äpfel
etwas Zitronensaft
etwas Olivenöl

Für den Salat:
5–6 rote Zwiebeln
Salz
1 Bund Petersilie
1/2 TL Sumak ***(Sumak ist ein säuerlich schmeckendes Gewürz, das zum Würzen von Salaten verwendet wird. Es ist in türkischen Fachgeschäften erhältlich!)***

Zum Garnieren:
Tomaten

Zubereitung:

1. Die Leber waschen, abtrocknen und in ca. 3 cm große Stücke schneiden. Die Äpfel schälen, vierteln, entkernen und in so große Stücke schneiden, dass sie zu den Leberstücken passen. Mit Zitronensaft beträufeln.

2. Die Leber im Wechsel mit den Apfelstücken auf Spieße stecken, mit etwas Olivenöl bepinseln und in den Kühlschrank stellen.

3. Für den Salat die Zwiebeln schälen und in dünne Ringe schneiden. In eine Schüssel geben und mit Salz bestreuen. Mit den Händen die Zwiebeln mit dem Salz kneten, 10–15 Minuten marinieren lassen. Nach dem Marinieren die Zwiebelringe unter fließendem, kaltem Wasser gut abspülen und etwas ausdrücken.

4. Inzwischen die Petersilie waschen, trockenschütteln, einige Blätter für die Garnierung zurückbehalten, die anderen Blätter fein hacken.

5. Die Petersilie mit etwas Salz und dem Sumak-Gewürz unter die Zwiebelringe mischen und den Salat beiseite stellen.

6. Die Spieße auf den Grill legen und die Leber von allen Seiten garen.

7. Die Tomaten waschen und achteln, mit dem Zwiebelsalat und der Petersilie anrichten.

8. Wenn die Leber gar ist, mit Salz und Pfeffer würzen und mit dem Salat servieren.

Grillspezialität

Hammelfleisch mit grünen Bohnen

Zutaten:

500 g grüne Bohnen
2 l Wasser
750 g Hammelfleisch
4 EL Olivenöl
2 Zwiebeln
2 Kartoffeln
2 Karotten
2 Stangen Lauch
4 EL Butter
1 l Fleischbrühe
etwas Majoran
1/2 EL Essig
Salz und Pfeffer

Zubereitung:

1. Die Bohnen waschen, putzen und in kochendem Salzwasser ca. drei Minuten blanchieren, durch ein Sieb abschütten und mit kaltem Wasser abschrecken, beiseite stellen.

2. Das Fleisch waschen, abtrocknen und in Würfel schneiden. Die Zwiebeln schälen und klein hacken. Die Kartoffeln und die Karotten schälen und würfeln. Den Lauch putzen, abbrausen und in Ringe schneiden.

3. Das ÖL in einer Pfanne erhitzen und die Fleischwürfel darin kross anbraten.

4. Die Butter in einem weiten Topf schmelzen und nach und nach die Zwiebeln, den Lauch, die Karotten und die Kartoffeln hineingeben und andünsten, mit Majoran würzen.

5. Das Fleisch zu dem Gemüse in den Topf geben und gut unterrühren. Zum Schluss die Bohnen in den Eintopf geben und nochmals umrühren.

6. Mit der Fleischbrühe angießen und zugedeckt ca. 30–40 Minuten köcheln lassen, bis das Fleisch weich ist. Mit Essig, Salz und Pfeffer abschmecken.

Deftiges vom Lamm

Melissen-Lamm mit Erbsen

Zutaten:

1 kg Lammschulter
4 EL Olivenöl
1 EL Mehl
2 Karotten
2 Schalotten
1/4 l heißes Wasser
300 g Erbsen, tiefgekühlt
200 g Crème fraîche
1 Bund Zitronenmelisse
2 TL abgeriebene Zitronenschale
Salz und Pfeffer

Zubereitung:

1. Das Fleisch waschen, abtrocknen und in Würfel schneiden. Die Karotten schälen und raspeln. Die Schalotten schälen und fein hacken.

2. In einem Bräter das Öl erhitzen und das Fleisch darin kross anbraten, mit Salz und Pfeffer würzen.

3. Die Zwiebeln und die Karotten zugeben und mit anschmoren.
Mit dem Mehl bestäuben und gut durchrühren.

4. Nach und nach 1/4 l heißes Wasser angießen. Zugedeckt ca. 45 Minuten schmoren lassen.

5. Die Erbsen und die Crème fraîche zugeben und ca. 5–10 Minuten im offenen Topf garen.

6. Die Melissenblätter abbrausen, trockenschütteln, grob hacken und zusammen mit der Zitronenschale unterziehen. Mit Reis servieren.

Deftiges vom Lamm

Lammrollbraten in Knoblauchsoße

Zutaten:

2 kg Lammkeule, entbeint und aufgeschnitten zum Rollen
3 EL Crème fraîche
3 Knoblauchzehen
2 EL Minze
1 Zwiebel
1 große Karotte
1 Peperoni
50 ml Olivenöl
Salz und Pfeffer

Für die Sauce:
1 Knoblauchknolle
300 ml Hühnerbrühe
1 Peperoni
1 Lorbeerblatt
1 EL Tomatenmark
1 Becher Crème fraîche
Salz und Pfeffer

Zubereitung:

1. Das Fleisch waschen, trockentupfen, von beiden Seiten salzen und pfeffern, auf der Innenseite mit Crème fraîche bestreichen.

2. Die Minze abbrausen, trockenschütteln und die Blätter grob hacken. Den Knoblauch schälen und fein hacken. Die Zwiebel schälen und klein schneiden. Die Karotte schälen und raspeln. Die Peperoni waschen, entkernen und klein hacken.

3. Die vorbereiteten Gemüse auf dem Fleisch verteilen, die Roulade fest zusammenrollen und zusammenbinden. Den Backofen auf 200° C vorheizen.

4. Das Olivenöl in einem kleinen Pfännchen erhitzen. Den Lammrollbraten in einen Bräter legen und mit dem heißen Öl bestreichen. Im vorgeheizten Ofen auf der mittleren Schiene ca. 20 Minuten anbraten. Dann die Temperatur des Backofens auf 75° C reduzieren und den Rollbraten je nach Größe 2–4 Stunden gar ziehen lassen.

5. In der Zwischenzeit die Knoblauchsauce zubereiten. Die Knoblauchknolle schälen und die Zehen ganz lassen. Die Peperoni der Länge nach halbieren, entkernen und klein hacken.

6. Die Brühe in einem Topf erwärmen und den Knoblauch, das Lorbeerblatt und die Peperoni darin bei geringer Hitze zugedeckt weich garen.

7. Dann die Knoblauchzehen mit einem Schaumlöffel aus der Brühe nehmen und mit einer Gabel grob zerdrücken, zurück in die Brühe geben. Das Tomatenmark einrühren und alles aufkochen. Die Crème fraîche in die Sauce geben, mit Salz und Pfeffer nachwürzen.
Den Rollbraten aufschneiden, mit der Sauce und Reis servieren.

Deftiges vom Lamm

Lammfleisch mit Gemüse

Zutaten:

500 g Lammfleisch
3/4 l Wasser
600 g Kartoffeln
2 Karotten
1 Zwiebel
200 g Weißkohl
2 Lorbeerblätter
2 Nelken
1 TL Kreuzkümmel
1 Bund Dill
Salz und Pfeffer

Zubereitung:

1. Das Fleisch waschen, in einen Topf legen und mit 3/4 l kaltem Wasser angießen. Zugedeckt zum Kochen bringen.

2. In der Zwischenzeit die Kartoffeln schälen, drei Kartoffeln ganz lassen, den Rest in Scheiben schneiden.
Kocht das Wasser mit dem Fleisch, die drei ganzen Kartoffeln in die Brühe geben und die Brühe mit Salz würzen; eine Stunde weiterkochen.

3. Die Karotten und die Zwiebel schälen, die Karotten in kleine Würfel, die Zwiebel in dünnere Scheiben schneiden. Den Weißkohl waschen, vierteln und hobeln.

4. Ist das Fleisch weich, aus der Suppe nehmen, etwas abkühlen lassen, in 2 cm große Stücke schneiden und warm stellen.

5. Die Karotten, die Zwiebel, den Weißkohl, die in Scheiben geschnittenen Kartoffeln, die Lorbeerblätter, den Kreuzkümmel und die Nelken in die Brühe geben, mit etwas Pfeffer würzen.

6. Die ganzen Kartoffeln aus dem Topf nehmen, mit einer Gabel zerkleinern und wieder in den Topf zurückgeben. Zugedeckt 30–40 Minuten köcheln lassen.

7. Den gewaschenen, ausgeschüttelten und klein gehackten Dill separat zu dem Eintopf servieren.

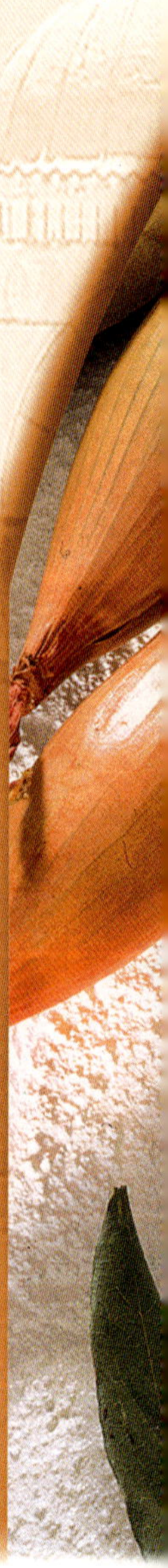

Würziges vom Lamm

Rinderschmortopf

Zutaten:

700 g mageres Rindfleisch
Sonnenblumenöl
600 g Schalotten
2 Knoblauchknollen
5 Strauchtomaten
2 EL Weinessig
1 Glas trockener Rotwein
Zimtpulver nach Geschmack
1 Prise Cayennepfeffer
Salz und Pfeffer

Zubereitung:

1. Das Fleisch waschen, abtrocknen und in 3 cm große Stücke schneiden. Die Tomaten an der Blüte über Kreuz einschneiden, mit kochendem Wasser übergießen, kurz im Wasser liegen lassen, häuten und klein schneiden.

2. Das Öl in einem Schmortopf erhitzen und die Fleischwürfel darin kross anbraten.

3. Die ungeschälten Schalotten und die ganzen, ungeschälten Knoblauchknollen waschen und zum Fleisch geben. Die Tomatenwürfel hinzufügen und alles ca. 15 Minuten anschmoren.

4. Den Essig, den Wein und die Gewürze zugeben und zugedeckt bei reduzierter Hitze ca. 90 Minuten schmoren lassen, gelegentlich umrühren, evtl. noch etwas Wein zugeben.

Dieser Schmortopf wird mit Fladenbrot serviert.

Schmackhaftes Rindfleisch

Rindfleisch mit Weißkohl

Zutaten:

500 g Rindfleisch
4 EL Sesamöl
4 Zwiebeln
1 Knoblauchzehe
1 EL getrockneter Oregano
1 EL getrockneter Majoran
1 TL Kreuzkümmel
1/2 TL Paprika edelsüß
750 g Weißkohl
4 Karotten
500 ml Weißwein
500 ml Gemüsebrühe
250 g Kartoffeln
250 g Äpfel
1 große Dose Tomaten
Salz und Pfeffer

Zubereitung:

1. Das Fleisch waschen, abtrocknen, in Würfel schneiden, salzen und pfeffern. Die Zwiebeln und die Karotten schälen und würfeln. Den Knoblauch schälen und zerdrücken.
Den Weißkohl putzen, halbieren, in Streifen schneiden oder hobeln.

2. Das Öl in einem weiten Topf erhitzen, das Fleisch darin kross anbraten, dann die Zwiebeln und den Knoblauch hinzufügen, glasig dünsten, mit dem Kreuzkümmel, dem Majoran, dem Oregano und dem Paprika würzen, alles gut durchrühren.

3. Das Gemüse zum Fleisch geben und mitdünsten, den Wein angießen und alles ca. 15 Minuten schmoren, dabei das Gemüse immer wieder durchrühren. Mit der Brühe aufgießen und im geschlossenen Topf ca. 60 Minuten dünsten lassen.

4. In der Zwischenzeit die Kartoffeln schälen, würfeln und zum Fleisch geben. Die Äpfel schälen, vierteln, das Kerngehäuse entfernen, das Fruchtfleisch in Stücke schneiden und noch ca. 10 Minuten mitgaren.

5. Die Tomaten mit der Flüssigkeit zugeben und ca. 10 Minuten heiß werden lassen. Nochmals abschmecken.

Zartes vom Rind

Überbackener Fisch

Zutaten:

600 g gekochte Kartoffeln
150 g geriebener Bergkäse
2 Eier
100 g Crème fraîche
2–3 EL Wasser
500 g Spinat, frisch oder tiefgefroren
600 g Kabeljaufilet
30 g Butter
Zitronensaft
2 EL gehackte Minze
Salz und Pfeffer

Zubereitung:

1. Die gekochten Kartoffeln schälen und in Scheiben schneiden.
Den frischen Spinat verlesen, waschen und ca. drei Minuten blanchieren.

2. Das Fischfilet waschen, salzen, pfeffern und mit Zitronensaft beträufeln. Die Minze abbrausen, ausschütteln und die Blätter klein hacken.

3. In einer Schüssel den Käse, die Eier, die Crème fraîche, die Minze und das Wasser zu einer Käsecreme verrühren.

4. Eine Auflaufform ausfetten und die Kartoffelscheiben einschichten. Die Hälfte der Käsecreme auf den Kartoffeln verteilen, darauf den Spinat geben. Salzen, pfeffern und die geschmolzene Butter darüber gießen.

5. Das Fischfilet auf den Spinat legen und mit der restlichen Käsecreme abdecken.

6. Den Backofen auf 220° C vorheizen und den Auflauf ca. 20–30 Minuten backen.

Delikates Fischfilet

Fischtopf

Zutaten:

600 g Rotbarschfilet
1/2 l Gemüsebrühe
6 Kartoffeln
1 Knoblauchzehe
1 Knolle Sellerie
2 Stangen Lauch
4 Karotten
2 Zwiebeln
1 kleine Peperoni
2 Petersilienwurzeln
2 EL Butter
2 Zitronen (Saft)
1/8 l Weißwein
1 Becher Jogurt
2 Eigelb
Muskat nach Geschmack
1/2 Bund Dill
Salz und Pfeffer

Zubereitung:

1. Die Kartoffeln, die Karotten, die Petersilienwurzeln und den Sellerie schälen und in kleine Würfel schneiden; die Kartoffeln in kaltes Wasser legen.

2. Den Lauch und die Peperoni waschen, den Lauch in Ringe schneiden, die Peperoni entkernen und ebenfalls in Ringe schneiden. Die Zwiebeln und den Knoblauch schälen, die Zwiebeln klein hacken, den Knoblauch zerdrücken.

3. Den Fisch waschen, abtrocknen, in dünne Scheiben schneiden, zu Röllchen formen, in eine Schüssel legen und mit Zitronensaft beträufeln. In den Kühlschrank stellen.

4. Die Butter in einem Topf schmelzen und nach und nach die Zwiebeln, den Knoblauch und die anderen Gemüse darin 15 Minuten dünsten.

5. Die Brühe angießen und 10–15 Minuten garen lassen, bis das Gemüse weich ist. Mit Salz, Pfeffer und Muskat würzen.

6. Die Eigelbe mit dem Jogurt verquirlen und unter Rühren in die Suppe geben, den Wein zugießen, nicht mehr kochen lassen.

7. Inzwischen den Dill abbrausen, trockenschütteln und klein schneiden. Den Fisch in den Topf auf das Gemüse legen und fünf Minuten zugedeckt ziehen lassen.
Vor dem Servieren den Dill darüber streuen.

Deftiges vom Fisch

Honig und Schafskäse im Blätterteig

Zutaten:

450 g tiefgekühlter Blätterteig
100 g Schafskäse
50 g Honig
1 TL gehackte Minze
2 Eier, getrennt
3 EL Milch

Zum Bestreuen:
Kokosraspel

Zubereitung:

1. Den Blätterteig wie auf der Packung beschrieben auftauen lassen.

2. Die Minze abbrausen, trockenschütteln und die Blätter fein hacken.

3. Die Eier trennen. Den Schafskäse, ein Eigelb, den Honig und die Minze gut miteinander verrühren.

4. Den aufgetauten Blätterteig übereinander legen und eine Teigplatte von ca. 32 x 40 cm ausrollen. Mit einem Teigrad Quadrate von ca. 8 x 8 cm ausschneiden.

5. Die Käsemischung auf den Quadraten verteilen und die Ränder mit dem aufgeschlagenen Eiweiß bestreichen. Die Quadrate zu Dreiecken zusammenklappen und mit den Fingern die Ränder gut verkleben, damit sie nicht mehr aufgehen können.

6. Ein Backblech mit Backpapier auslegen und die Dreiecke darauf legen, aber nicht zu dicht, damit sie beim Aufgehen genügend Platz haben.

7. Die Blätterteigteile mit Milch bestreichen und mit den Kokosraspeln bestreuen.

8. Die Pastetchen im vorgeheizten Backofen bei 200° C ca. 12–15 Minuten backen.

Tipp: Die Blätterteigpasteten können warm oder kalt mit Tee serviert werden!

Pikantes zum Dessert

Apfeljogurt

Zutaten:

4 große Äpfel
1 Zitrone (Saft)
4 EL Zucker
2 EL Butter
125 ml Orangensaft
2 EL Korinthen
2 EL gestiftelte Mandeln
2 EL Pistazien
400 ml Jogurt
1 Päckchen Vanillezucker
Zimtzucker nach Geschmack

Zubereitung:

1. Die Äpfel schälen, vierteln, entkernen, fein würfeln und mit Zitronensaft beträufeln. Die Korinthen in heißem Wasser einweichen.

2. In einem Topf die Butter schmelzen, den Zucker darin karamellisieren lassen. Mit dem Orangensaft ablöschen und den Karamell loskochen.

3. Die Apfelstücke zugeben und bei mäßiger Hitze dünsten lassen.

4. Die Korinthen abschütten, ausdrücken und mit den Mandeln und den Pistazien zu den Äpfeln geben. Den Topf von der Herdplatte nehmen und das Kompott erkalten lassen.

5. Den Jogurt untermischen und mit Vanillezucker und Zimtzucker abschmecken.

Grieß mit Nüssen

Zutaten:

175 g Butter
225 g Hartweizengrieß
100 g Mandelstifte
1 l Milch
250 g Zucker
1 Zitrone (Schale)
1 TL Zimt
4 EL Mandelblättchen

Zubereitung:

1. Die Butter in einem hohen, weiten Topf schmelzen und den Grieß und die Mandeln darin ca. 15–20 Minuten unter ständigem Rühren goldbraun rösten, dann den Topf von der Herdplatte nehmen.

2. In einem Milchtopf die Milch, die Zitronenschale und den Zucker erhitzen und unter die Grießmischung rühren (Vorsicht – Spritzer!).

3. Wieder auf die Herdplatte stellen und bei ständigem Rühren nochmals ca. 20 Minuten bei mittlerer Hitze köcheln lassen, bis der Brei dick wird.

4. Eine kleine Kastenform oder runde Förmchen mit kaltem Wasser ausspülen und den Grießbrei einfüllen. Die Oberfläche glätten und den Brei erkalten lassen.
Den Grießbrei auf eine Platte stürzen und mit Zimt und Mandelblättchen hübsch garnieren.

Dieses Gericht wird in der Türkei an religiösen Feiertagen serviert.